STATUTS

ET

REGLEMENS

POUR LA COMMUNAUTE'

des Barbiers, Perruquiers, Baigneurs & Etuvistes de la Ville, Faubourgs & Banlieue de Paris.

Regiſtrez en Parlement le ſept Septembre mil ſept cent dix-huit.

A PARIS;

De l'Imprimerie de VALLEYRE, rue ſaint Severin, à l'Annonciation.

M. DCC. XLVI.

STATUTS
ET REGLEMENS

POUR LA COMMUNAUTE' DES BARBIERS-
Perruquiers, Baigneurs, Etuvistes de la Ville,
Faubourgs & Banlieue de Paris.

OUIS PAR LA GRACE DE DIEU, ROY DE FRANCE ET DE NAVARRE. A tous ceux qui ces presentes Lettres verront, SALUT : Le desir que nous avons d'entretenir les Arts & Métiers dans leur perfection, & de favoriser le Commerce qui fait la richesse des peuples & la prosperité des Etats, Nous a engagé à donner toute notre attention à rétablir le bon ordre dans les Corps & Communautez de Métiers de notre bonne Ville de Paris, & particulierement dans celles dont les ouvrages par leur agrément & leur utilité sont d'un usage presque universel, & necessaire non-seulement dans notre Royaume, mais en-

core dans les Pays étrangers. Dans cette vûe, & afin
que les Maîtres & les membres de ces Corps cessent
d'être agités par des contestations qui les distrayent de
leurs travaux & les épuisent par des frais également
préjudiciables à leurs Professions & ruineux à leurs fa-
milles ; Nous nous sommes fait informer à fond des dif-
ferends qui divisent depuis long-tems la Communauté
des Maîtres Barbiers, Baigneurs, Etuvistes & Perruquiers de notre bonne Ville, Faubourgs & Banlieue de
Paris, dont les ouvrages sont recherchés non-seule-
ment dans tout notre Royaume, mais même dans les
Pays étrangers ; & ayant reconnu qu'il a été impossible
jusqu'à present d'en fixer l'état & d'y établir une paix
solide : quoique le Roy Louis X I I I. de glorieuse mé-
moire & Louis XIV. notre très-honoré Seigneur &
Bisayeul leur ayant donné, renouvellé & rectifié differens Statuts en divers tems par plusieurs Declarations,
Ordonnances, Lettres Patentes, Reglemens & Arrêts,
Nous avons jugé necessaire de leur prescrire des Loix &
des Regles qui assurent leur repos, en déclarant plus
particulierement nos intentions sur les Prérogatives,
Droits, Privileges & Jurisdiction de notre premier Chirurgien & sur les honoraires des Anciens, la forme des
Elections des Syndics, la Reddition des Comptes, les
droits de Réceptions, d'Enregistrement des Brevets
d'Apprentissage & des Baux à loyer, la police du Corps
& l'attribution de leurs contestations, comme l'unique
moyen de prévenir les conflicts & d'étouffer la semen-
ce de leurs procès. A CES CAUSES & autres considé-
rations, à ce Nous mouvans, de l'avis de notre très-
cher & très-amé Oncle le Duc d'Orleans petit-fils de

France Regent, de notre très-cher & très-amé Cousin le Duc de Bourbon, de notre très-cher & très-amé Cousin le Prince de Conty Princes de notre Sang, de notre très-cher & très-amé Oncle le Duc du Maine, de notre très-cher & très amé Oncle le Comte de Toulouse Princes legitimez & autres Pairs de France, grands & notables Personnages de notre Royaume, & de notre certaine Science, pleine Puissance & Autorité Royale, Nous avons dit, declaré & ordonné, disons, declarons & ordonnons, voulons & nous plaît ce qui ensuit.

ARTICLE I.

Les Statuts, Privileges & Ordonnances accordés à nos premiers Barbiers, leurs Lieutenans & Commis, Arrêts & Reglemens donnés en conséquence, seront executez selon leur forme & teneur, ensemble l'Arrêt de notre Conseil du 6 Août 1668. portant desunion de tous les droits attachés à la Charge de notre premier Barbier, & union d'iceux à celle de notre premier Chirurgien, nos Lettres Patentes du 21 Janvier 1710. & les Arrêts de notre Conseil confirmatifs d'icelles des 24 Mars & 4 Septembre 1711. & nos Lettres Patentes des 25 Août 1715. & 21 Janvier 1716. Ce faisant, Nous avons maintenu & gardé, maintenons & gardons NOTRE PREMIER CHIRURGIEN en qualité de Chef & Garde des Chartres, Statuts & Privileges de la Barberie de notre Royaume au droit d'avoir toute inspection, jurisdiction & connoissance du fait de la Barberie sur les Maîtres Barbiers, Perruquiers, Baigneurs, Etuvistes & tous autres exerçans ladite Profession de Barbiers, Perruquiers ou partie d'icelle. Comme aussi d'avoir sa Chambre de Jurisdiction, & icelle exercer tant en sa maison qu'en la Chambre de la Communauté desdits Maîtres Barbiers, Perruquiers, Baigneurs, Etuvistes de la Ville de Paris, de présider, ou en son absence son Lieutenant, qui ne pourra être tant à present qu'à l'avenir, que l'un des Anciens qui auront passé les Charges de ladite Communauté, en toutes les Assemblées desdits Maîtres Barbiers, Perruquiers, Baigneurs, Etuvistes, recueillir les voix, prononcer & conclure, avec pouvoir d'établir un Greffier pour tenir Registre de tous les Actes de ladite Communauté, duquel Greffier, vacation arrivant, la nomination & provision particuliere appartiendront à notredit premier Chirurgien qui pourra choisir tel qu'il avisera bon être dans le nombre des Maîtres de la Communauté, lequel Greffier jouira, outre les droits particulierement attribués à ladite qualité de Greffier, des mêmes droits, honneurs & prérogatives qui pourront lui appartenir comme Maître de ladite Communauté.

II.

Cet Article est supprimé par l'Arrêt de la Cour du 3 Septembre 1718. ci-après.

Notre premier Chirurgien ou son Lieutenant recevra en sa maison les Aspirans à la Profession de Barbier, Perruquier, Baigneur, Etuviste, & tous les autres faisant quelque partie d'icelle en quelque manière que ce soit en la Prevôté & Vicomté de Paris, ensemble ceux de toutes les autres Villes de notre Royaume qui auront un Acte de refus, attesté & legalisé par le plus prochain Juge Royal des Lieux, en appellant par notredit premier Chirurgien ou son Lieutenant ausdites Réceptions, tel nombre de Maîtres de la Communauté des Barbiers, Perruquiers de Paris qu'il avisera bon être, & qu'il pourra choisir, pourvû que l'un desdits Maîtres soit Prevôt-Syndic en Charge, desquelles Réceptions sera délivré Acte qui sera regiftré au Greffe de notre premier Chirurgien, ainsi qu'il se pratique à l'égard des Chirurgiens des Provinces de notre Royaume, & sera payé pour tous droits six livres pour notre premier Chirurgien, dix livres à son Lieutenant, cinq livres à son Greffier, & une livre dix sols au Prevôt-Syndic.

III.

La Communauté des Maîtres Barbiers, Perruquiers, Baigneurs, Etuvistes sera composée de notre premier Chirurgien, de son Lieutenant & Greffier, des six Prevôts-Syndics & Gardes, du Doyen, des anciens Syndics sortis de Charge, & de tous les autres Maîtres qui ont été ou seront reçus dans ladite Communauté.

IV.

A l'égard des Anciens qui ont passé les Charges & qui doivent assister aux Réceptions des Aspirans pour la Ville & Banlieue de Paris, ils seront divisés en quatre Classes, & il y aura trois des douze plus anciens à la tête de chacune, non compris le Doyen qui sera de toutes les quatre, & notredit premier Chirurgien ou son Lieutenant observera de les rendre les plus égales.

en nombre que faire se pourra, & suivant l'ordre de
leur Réception dans le Syndicat.

V.

Tous les Registres, titres & papiers de la Communauté, à l'exception seulement des Registres courans
qui demeureront entre les mains du Greffier de notre
premier Chirurgien, seront mis dans une armoire particuliere sous trois differentes clefs, lesquelles seront
remises, sçavoir l'une entre les mains du Lieutenant
de notre premier Chirurgien, l'autre en celles de son
Greffier, & la troisiéme entre les mains du plus ancien
des trois premiers Prevôts-Syndics en Charge, desquels Registres, titres & papiers sera fait tous les ans un
Inventaire signé des six Prevôts-Syndics & du Doyen,
auquel il sera remis un double dudit Inventaire.

VI.

Sera aussi dressé tous les ans le premier d'Octobre
deux Catalogues, où seront notre premier Chirurgien
& son Lieutenant nommés les premiers, dont l'un contiendra les noms & demeures des Maîtres, & l'autre la
demeure de ceux qui tiendront par Baux à loyer, lesquels deux Catalogues seront mis dans la Chambre ou
Bureau de la Communauté, & distribués à tous les Maîtres d'icelle par les six Prevôts-Syndics & Gardes dans
la premiere visite qu'ils feront chaque année immédiatement après la Fête de saint Louis.

VII.

Dans le Catalogue de ceux qui tiendront des privi
leges

leges à loyer, le Greffier de notre premier Chirurgien réformera tous les trois mois fur le rapport des
Prevôts-Syndics en place auffi-tôt après chaque vifite
les noms de ceux qui auront quitté, cedé ou retrocedé
lefdits privileges, avec les dates des Baux ou Actes
paffez à ce fujet.

VIII.

Sera faite tous les ans Election de trois Prevôts-Syndics & Gardes, l'un defquels fera nommé Receveur de
la Communauté à la pluralité des voix dans l'affemblée
convoquée pour ladite Election fur le Mandement ou
Billet de notre premier Chirurgien ou de fon Lieutenant, à tel jour qu'il aviferoit bon être, depuis le 25
Août jufqu'au 8 Septembre, & ainfi continuer annuellement, laquelle Affemblée fera compofée de notre
premier Chirurgien, de fon Lieutenant, du Greffier,
des fix Prevôts Syndics & Gardes, de tous les Anciens
fortis de Charge & de quinze Modernes de chaque
colonne du Catalogue à tour de rôle, & fera la voix
de notre premier Chirurgien, de fon Lieutenant & de
fix Prevôts-Syndics & Gardes comptée pour deux ;
pourra néanmoins notre premier Chirurgien, une fois
feulement, continuer un des trois Prevôts-Syndics &
Gardes fortant de Place, ou en choifir un du nombre
des anciens Syndics fortis de Charge pour le faire entrer une feconde fois dans la place de Prevôt-Syndic,
laquelle faculté appartiendra auffi aux Succeffeurs de
notre premier Chirurgien à leur avenement.

IX.

Les Prevôts ainfi élûs entreront en Charge le premier Lundi d'après la Notre-Dame de Septembre pour exercer le Syndicat pendant deux années confécutives, & feront tenus de faire & prêter Serment pardevant notre premier Chirurgien ou fon Lieutenant, en fon abfence : & fera délivré à chacun d'eux par le Greffier de notre premier Chirurgien une expédition de leur Réception & preftation de ferment, qui fera fignée de notredit premier Chirurgien ou de fon Lieutenant, pour leur fervir de Commiffion à faire leurs fonctions de Syndics, fans qu'il en foit befoin d'autre, & fera payé par chacun d'eux à notre premier Chirurgien ou à fon Lieutenant la fomme de dix livres, & à fon Greffier celle de cinq livres, tant pour la preftation de Serment, que pour l'expédition de leurs Commiffions.

X.

Auffi-tôt que le Receveur de la Communauté aura fait fon année de Recette, il rendra fon compte diffinitivement pardevant notre premier Chirurgien ou fon Lieutenant, où affifteront les fix Prevôts-Syndics & Gardes en Charge, tous les Maîtres qui compoferont le Confeil, & huit des autres Maîtres qui n'auront point paffé les Charges & qui feront nommez par notre premier Chirurgien ou fon Lieutenant, fuivant l'ordre du Tableau.

X I.

Toutes les Affemblées pour les affaires de la Communauté, Elections de Prevôts & Receveurs, Redditions de comptes ou Réceptions des Maîtres feront faites dans la Chambre ou Bureau de la Communauté sur les Billets ou Mandemens de notre premier Chirurgien ou de son-Lieutenant : Faisons défenses aux six Prevôts-Syndics & Gardes en Charge & à tous autres Maîtres de ladite Communauté de convoquer aucunes Assemblées de leur autorité à peine de nullité desdites Assemblées : pourront néanmoins lesdits Prevôts en cas de refus de notre premier Chirurgien ou de son Lieutenant & quatre jours après une sommation bien & dûement faite, faire assembler ladite Communauté, sans préjudicier aux convocations d'Assemblées pour la Réception des Aspirans, lesquelles se feront ainsi qu'il sera ci-après ordonné.

XII.

Dans toutes les Assemblées, soit générales ou particulieres & du Conseil, notre premier Chirurgien & son Lieutenant auront les premieres places, ensuite les six Prevôts-Syndics & Gardes, le Doyen, les Anciens & les autres Maîtres suivant le rang qu'ils auront dans le Catalogue, & porteront honneur & respect à notre premier Chirurgien, à son Lieutenant, aux six Prevôts-Syndics en Charge, au Doyen & à tous leurs Anciens à peine d'être exclus des Assemblées, privez des émolumens, & condamnez en telle peine qu'il appartiendra sur l'avis & rapport du Lieutenant & des six Prevôts-Syndics qui prendront l'avis du Conseil, le tout ainsi qu'il sera estimé juste & convenable par le Prevôt de notre bonne Ville de Paris ou son Lieutenant General de Police.

XIII.

Après l'exposition faite par notre premier Chirurgien ou son Lieutenant, ou par le Prevôt qui présidera en leur absence, chaque Maître ne pourra parler qu'à son rang & lorsque son nom sera appellé par le Greffier, le tout à peine d'amende pour la premiere fois, & d'interdiction en cas de récidive.

XIV.

Le Conseil sera composé de vingt-huit personnes, outre notre premier Chirurgien & son Greffier · sçavoir, du Lieutenant, du Doyen, des six Prevôts-Syndics en Charge & de vingt des Anciens qui seront pris, sçavoir, six dans le nombre des douze plus Anciens, & quatorze dans celui des autres Anciens, lesquels vingt seront nommez pour la premiere fois par tous les Anciens, & à l'avenir en la forme prescrite par l'Article suivant : à l'égard du Greffier il n'aura point de voix délibérative dans le Conseil, à moins qu'il ne soit un des Maîtres élûs pour le Conseil.

XV.

Aussi-tôt après l'Election & Installation des Prevôts-Syndics & Gardes, tous les Anciens s'assembleront conjointement avec le Lieutenant de notre premier Chirurgien, les six Prevôts-Syndics en Charge & le Greffier pour nommer à la pluralité des voix, dix anciens Maîtres pour le Conseil au lieu & place des dix sortans, & du nombre des dix sortans en pourra être continué deux, & deux autres seront choisis par notre premier Chirurgien, si mieux n'aime les choisir tous

quatre nouvellement, & des six autres en pourra être
continué deux par le Conseil de la Communauté, & les
quatre autres seront élûs par le Conseil, si mieux n'aime ledit Conseil en élire nouvellement six autres, lesquels dix Maîtres seront pris dans le nombre des Anciens, & ne pourront ceux continuez tant par notre premier Chirurgien que par le Conseil, l'être plus d'une
fois, & dans ladite Élection ou continuation sera la voix
de notre premier Chirurgien, de son Lieutenant & des
six Prevôts-Syndics en Charge comptée pour deux.

XVI.

Lorsque la place de l'un des vingt Maîtres du Conseil vaquera par mort, longue absence ou autrement,
elle sera remplie à la Nomination du Conseil de la
Communauté.

XVII.

Les Anciens seulement qui composeront le Conseil
s'assembleront avec le Lieutenant de notre premier
Chirurgien, les six Prevôts-Syndics, le Doyen & le
Greffier tous les Mardis de chaque semaine deux heures de relevée pour déliberer sur les affaires communes,
Police & Discipline qui concerneront les Maîtres,
Veuves, Aspirans, Locataires, Apprentifs, Garçons, Ouvriers & tous ceux qui seront soumis à la
Communauté; mais s'il survient des affaires urgentes le
Conseil s'assemblera extraordinairement sur le Mandement de notre premier Chirurgien ou de son Lieutenant & des Prevôts-Syndics en Charge au jour & à
l'heure qui leur seront indiquez, & ce qui sera arrêté
par le Conseil à la pluralité des voix, sera exécuté

Cet Article est modifié par ledit Arrêt.

comme s'il avoit été déliberé de toute la Communauté,
à la réserve des emprunts & obligations pour deniers,
qui ne pourront être déliberez ni résolus que dans une
Assemblée générale, où tous les Maîtres seront mandez à differens jours.

XVIII.

Et pour faciliter ausdits Barbiers, Perruquiers, Baigneurs, Etuvistes le moyen de s'assembler pour l'uti-
lité des affaires de leur Communauté, Nous leur permettons d'établir une Chambre ou Bureau en tel quartier qu'ils trouveront à propos, qui sera choisi par ceux
qui composeront le Conseil, où le Lieutenant, le Greffier & les Prevôts-Syndics s'assembleront pour y con-
ferer & traiter des affaires de leur Communauté, aus-
quelles Assemblées tous ceux qui composeront le Conseil seulement seront tenus d'assister, sinon en cas de
maladie ou d'absence.

XIX.

Auquel lieu toutes les Marchandises concernant ladite Profession, tant foraines qu'autres qui arriveront
& se débiteront en gros & en détail en la Ville, Faubourgs & Banlieue de Paris, seront apportées dans
trois jours pour y être vûes & visitées par lesdits Prevôts-Syndics avant qu'elles puissent être exposées en
vente, à peine de confiscation desdites Marchandises
& de trois cens livres d'amende, sans préjudice de la
contestation pendante en notre Parlement de Paris
entre les Barbiers-Perruquiers & les Marchands Merciers, au sujet desdites Marchandises.

X X.

Lorsque les Maîtres, Veuves de Maîtres & tous autres soumis à la Communauté seront mandez par le Lieutenant de notre premier Chirurgien, & les Prevôts-Syndics en Charge pour se trouver aux Assemblées du Conseil, ils seront tenus de s'y rendre, & faute de le faire, seront condamnez en telle amende, ou autre peine qu'il appartiendra, sur l'avis & rapport du Conseil, ainsi qu'il sera estimé juste & convenable par le Prevôt de notre bonne Ville de Paris ou son Lieutenant Général de Police.

X X I.

Chacun Barbier, Perruquier, Baigneur, Etuviste, Veuve & Locataire payeront annuellement le jour & Fête de Saint Louis quinze sols à la Confrérie de ladite Communauté, qui seront employez à faire dire le Service divin & autres dépenses jugées nécessaires par le Conseil.

X X I I.

Les Prevôts-Syndics & Gardes feront célebrer le Service divin en telle Eglise qu'ils trouveront à propos, consistant en premieres Vespres la veille de S. Louis : une Messe Solemnelle, Vespres & Salut ledit jour de S. Louis, & un Service le lendemain pour le repos des ames des défunts Confreres, auquel Service lesdits Syndics & Confreres seront tenus d'assister ; feront en outre lesdits Syndics ou l'un d'iceux célebrer une Messe tous les Dimanches de l'année à l'heure de midi.

XXIII.

Aucunes perſonnes de quelque condition qu'elles ſoient ne pourront exercer ladite profeſſion dans la Ville, Faubourgs & Banlieue de Paris ſoit en boutique, chambre ou autres lieux particuliers ou privilegiez ſous quelque prétexte que ce puiſſe être, s'ils ne ſont membres de ladite Communauté.

XXIV.

Nul ne pourra être reçû dans ladite Communauté s'il n'eſt de la Religion Catholique, Apoſtolique & Romaine.

XXV.

Faiſons défenſes à tous Barbiers, Perruquiers, Baigneurs, Etuviſtes qui ne ſont pas Maîtres de la Communauté, même à toutes Veuves de Maîtres, d'avoir aucun Apprentif, ni Alloué, à peine de nullité de l'Apprentiſſage, de cinquante livres d'amende, & de deux cens livres de dommages & intereſts.

XXVI.

Les Apprentifs de ladite Profeſſion ſeront reçûs préférablement à tous autres dans les places de Barbiers, Perruquiers, Baigneurs, Etuviſtes, & ce après qu'ils auront fait apprentiſſage de trois ans chez l'un deſdits Maîtres ſans s'abſenter, & qu'ils auront travaillé chez les Maîtres l'eſpace de deux années conſécutives après leur Apprentiſſage, avant de pouvoir être reçûs en Charge, deſquels ſervices ils rapporteront des Certificats en bonne forme deſdits Maîtres qu'ils auront ſervi, & paraphez des Prevôts-Syndics huitaine après la date deſdits Certificats.

XXVII.

XXVII.

Et pour obvier aux fraudes qui pourroient être commiſes , les Brevets d'Apprentiſſage ſeront apportez en la Chambre de la Communauté dans un mois de la paſſation d'iceux , à peine de cent livres de dommages -interêts contre les Maîtres , au profit de la Communauté ; & pour chaque enregiſtrement , ſera payé par leſdits Apprentifs trente livres au Receveur pour le profit de la Communauté , & quatre livres au Greffier de notre premier Chirurgien pour le droit d'Enregiſtrement.

XXVIII.

Aucun des Maîtres Barbiers , Perruquiers , Baigneurs , Etuviſtes ne pourra prendre aucun Alloué ni avoir qu'un Apprentif à la fois , & ne lui ſera libre d'en prendre un ſecond que deux ans après qu'il aura le premier , à peine de cinquante livres d'amende & de deux cens livres de dommages & interêts.

XXIX.

Les Fils de Maîtres , & ceux qui auront épouſé une fille d'un des Maîtres , ſeront reçûs en faiſant une ſimple expérience , & ne payeront que la moitié des honoraires ou droits que les autres Aſpirans payent , excepté les droits de notre premier Chirurgien , & de ſon Lieutenant & Greffier , qu'ils payeront en entier.

Cet Article eſt modifié ſur ledit Arrêt.

XXX.

Les Aſpirans qui auront fait Apprentiſſage chez l'un des Maîtres de ladite Communauté , ſeront reçus

en faisant le Chef-d'œuvre qui sera ci-après expliqué,
& ne payeront pour tous droits que les honoraires,
ensemble les droits de notre premier Chirurgien & de
ses Officiers.

XXXI.

Les Aspirans qui ne seront point Apprentifs de l'un
desdits Maîtres Barbiers, Perruquiers, Baigneurs,
Etuvistes, & qui n'épouseront point de leurs filles,
pourront néanmoins être reçûs, s'ils sont jugez capables par les Prevôts-Syndics, en payant à ladite Communauté la somme de deux cens livres, non compris
les droits de notre premier Chirurgien, de son Lieutenant & Greffier, des six Prevôts-Syndics & Gardes,
du Doyen, & des Anciens de la Classe appellez pour
assister à leur Réception.

XXXII.

Aucun des Aspirans ne pourra se présenter à la Maî-
trise sans être assisté d'un Conducteur, qu'il sera tenu
de choisir dans le nombre des Anciens.

XXXIII.

Le Conducteur sera tenu d'accompagner l'Aspirant
dans ses Visites chez les Anciens de la Communauté
qui composeront la Classe appellée pour la Réception
de l'Aspirant ; & en cas que le Conducteur refuse ou
néglige, il en sera nommé un d'office par le Conseil de
la Communauté.

XXXIV.

Les Aspirans seront tenus de donner à notre pre-

mier Chirurgien ou à son Lieutenant une Requête signée d'eux & de leur Conducteur, à laquelle seront
joints l'Extrait-baptistaire & les Certificats de Religion Catholique, Apostolique & Romaine, & servi-
ces de l'Aspirant.

XXXV.

Notre premier Chirurgien ou son Lieutenant ré-
pondra la Requête d'un Soit communiqué aux Prevôts-Syndics en Charge, pour donner leur avis sur les
qualitez de l'Aspirant ; & en cas qu'il soit jugé de bonne vie & mœurs, l'Aspirant pourra faire ses visites &
supplier le Lieutenant, les Syndics & Anciens de la
Classe appellez de se trouver à l'Assemblée au jour qui
leur aura été indiqué, & sera payé par l'Aspirant pour
ladite Requête répondue quatre livres à notre premier
Chirurgien ou à son Lieutenant, & deux livres à son
Greffier.

Cet Article est
modifié par ledit
Arrêt.

XXXVI.

Les Billets servans à convoquer l'Assemblée pour la
Réception des Aspirans & l'indication du jour seront
délivrez par le Lieutenant de notre premier Chirurgien & son Greffier, ausquels sera payé par chacun
des Aspirans sans exception, sçavoir au Lieutenant six
livres, & au Greffier trois livres.

Cet Article est
modifié par ledit
Arrêt.

XXXVII.

Outre notre premier Chirurgien ou son Lieutenant,
les Prevôts-Syndics, le Greffier & le Doyen de la Communauté, il ne pourra assister à la Réception de chaque
Aspirant que les Maîtres de la Classe appellez, & chacune des autres Classes aura successivement le même droit.

C ij

XXXVIII.

Toutes les Requêtes, Déliberations, Réceptions & autres Actes pour les affaires de la Communauté, feront dreffez par le Greffier & par lui enregiftrez dans un Regiftre particulier, pour y avoir recours lorfqu'il en fera befoin, fans pouvoir prétendre aucuns frais ni Droits pour les Actes portez par le prefent Article.

XXXIX.

Les Afpirans qui auront fait Apprentiffage chez l'un defdits Maîtres, & qui fe prefenteront pour être reçûs au lieu & place defdits Barbiers, Perruquiers, Baigneurs, Etuviftes, feront tenus de faire en deux jours le Chef-d'œuvre que les Prevôts-Syndics leur ordonneront; & quand ils feront jugez de bonnes mœurs & capables, ils feront reçûs par le Lieutenant de notre premier Chirurgien & les fix Prevôts - Syndics en Charge, & fera payé par chacun des Afpirans à notre premier Chirurgien fix Jettons d'argent, à fon Lieutenant & aux fix Prevôts-Syndics en Charge à chacun la fomme de fix livres & quatre Jettons d'argent; au Doyen de la Communauté, aux trois Anciens de la Claffe appellée & au Greffier, chacun trois livres & quatre Jettons d'argent; & deux livres & deux Jettons d'argent à chacun des autres Anciens, dont la Claffe appellée pour la Réception de l'Afpirant fera compofée, & feront les Jettons du poids de trente-fix à trente-huit au marc.

X L.

Immédiatement après que les Afpirans auront été

reçûs, ils prêteront serment entre les mains de notre
premier Chirurgien ou de son Lieutenant en présence
des Prevôts-Syndics & Doyen, dont il sera délivré
Acte qui sera regiftré au Greffe de notre premier Chirurgien, à peine de nullité de ladite prestation de serment, & sera payé pour icelle par chacun Récipien-
daire; sçavoir à notre premier Chirurgien ou à son
Lieutenant douze livres, à son Greffier deux livres, &
à chacun desdits Prevôts-Syndics & Doyen, trois liv.

XLI.

Enjoignons aux Prevôts-Syndics de la Communauté
des Barbiers, Perruquiers, Baigneurs, Etuviftes, de
tenir la main à l'exécution des presentes, & à l'effet de
quoi ils auront droit de vûe & inspection sur tout le
Corps desdits Barbiers, Perruquiers, Baigneurs, Etuviftes, & auront droit de visite sur toutes les marchandises, circonstances & dépendances dudit Art & Profession, ainsi qu'il se pratique dans les autres Corps &
Communautés de notre bonne Ville & Faubourg de
Paris, sans rien excepter, même chez les Locataires
des Barbiers, Perruquiers de notre Maison & Famille
Royale, sans préjudice du Droit prétendu par les Marchands Merciers, dont la contestation est actuellement
pendante en notredit Parlement.

XLII.

Et voulant que lesdits Barbiers, Perruquiers, Bai-
gneurs, Etuviftes ayent des marques visibles de leur
Art pour la propreté & ornement du corps humain;
Nous leur permettons d'avoir des Boutiques peintes en

bleu, fermées de Chaſſis à grands carreaux de verre, ſans aucune reſſemblance aux Montres des Maîtres Chirurgiens, & de mettre à leurs Enſeignes des Baſſins blancs pour marque de leur Profeſſion, & pour faire difference de ceux des Maîtres Chirurgiens qui en ont de jaunes, avec cette inſcription : *Barbier, Perruquier, Baigneur, Etuviſte : Céans on fait le poil, & on tient Bains & Etuves.* Défendons aux Maîtres Chirurgiens & à tous autres de faire peindre leurs Boutiques en bleu, ni d'avoir de ſemblables chaſſis à ceux des Barbiers, & aux Barbiers d'avoir des montres ſemblables à celles des Chirurgiens, à peine de cinquante livres d'amende, & de trois cens livres de dommages & interêts contre chacun des contrevenans.

X L I I I.

Faiſons auſſi défenſes à tous Ouvriers de ladite Profeſſion, n'ayant qualité de s'établir & de l'exercer dans les lieux privilegiez ou prétendus tels, ſous quelque prétexte que ce puiſſe être : & afin de connoître les contraventions qui ſe commettront au preſent Article, les Prevôts-Syndics & Gardes pourront ſe transporter dans leſdits lieux en vertu de leurs Commiſſions, pour enſuite en faire rapport au Prevôt de notredite Ville de Paris ou ſon Lieutenant Général de Police, qui condamnera les contrevenans *en mille livres* de dommages & interêts envers ladite Communauté & en telle amende qu'il appartiendra, à l'effet de quoi les Officiers deſdits lieux ſeront tenus d'aider & aſſiſter, ſi beſoin eſt, leſdits Prevôts-Syndics, ſous les peines portées par notre Edit du mois d'Août 1707. &

le Lieutenant Général de Police pourra , s'il le juge à propos, commettre un des Commissaires du Châtelet pour assister lesdits Prevôts-Syndics lors des visites qu'ils feront dans lesdits lieux.

XLIV.

Pourront les Prevôts des Maîtres Chirurgiens aller en visite pour fait de contravention chez les Barbiers , Perruquiers , Baigneurs , Etuvistes en se faisant assister de l'un desdits Prevôts-Syndics desdits Barbiers Perruquiers ; comme aussi pourront les Prevôts - Syndics desdits Barbiers , Perruquiers aller en visite pour le même fait chez les Chirurgiens en se faisant assister de l'un des Prevôts des Chirurgiens , & en cas de refus par les uns ou les autres , passé outre après une simple Sommation aux refusans , le tout en se faisant assister d'un des Commissaires du Châtelet.

XLV.

Seront tenus lesdits Prevôts-Syndics & Gardes de donner avis à notre premier Chirurgien ou à son Lieutenant de toutes les saisies qu'ils auront faites , ensemble des abus , malversations & entreprises qu'ils auront découvert , & d'en faire leur rapport dans vingtquatre heures pardevant le Lieutenant Général de Police pour y être par lui pourvû.

XLVI.

Feront lesdits Prevôts-Syndics & Gardes leurs visites en vertu des Persentes chez leurs Confreres, au moins quatre fois l'année , & seront seulement tenus de se faire affifter d'un Sergent à Verge au Châtelet de Paris, pour voir fi les Perruques & cheveux qui feront expofez en vente au Public, font bons & marchands, & s'ils ne fe trouvent pas de la qualité requife, le tout fera confifqué au profit de la Communauté, & fera payé par chacun Confrere à chacune Vifite quinze fols aufdits Syndics, aufquels tous les Maîtres, Veuves & Locataires feront tenus de déclarer alors les noms de leurs Apprentifs, Garçons & Ouvrieres, & fi lefdits Garçons & Ouvrieres font au mois ou à l'année, & leurs demeures, à peine de cinquante livres d'amende.

XLVII.

Aucun nouvellement reçû ne pourra s'établir au quartier des Maîtres chez qui il aura demeuré, que deux ans après être forti de chez lefdits Maîtres, à peine de cinquante livres d'amende, & de deux cens livres de dommages & interêts.

XLVIII.

Pourront tous les Barbiers, Perruquiers, Baigneurs, Etuviftes, & leurs Veuves louer leurs Privileges, fans être tenus de demeurer chez leurs Locataires, à condition que les Propriétaires des Privileges louez ne pourront travailler en aucune maniere que ce foit de leur Profeffion, à peine d'être déchûs de leurs Privileges & de cent livres d'amende, & que tous les Locataires feront tenus de paffer leurs Baux à loyer pardevant Notaires, & de les faire enregiftrer dans la huitaine de la paffation d'iceux dans un Regiftre particulier, tenu par le Greffier de notre premier Chirurgien,

gien, & fera payé par iceux dix livres au Receveur pour le profit de la Communauté, & trois livres audit Greffier pour le droit d'enregiftrement, fous peine de cinquante livres d'amende.

XLIX.

Pourront pareillement les enfans mineurs defdits Maîtres Barbiers, Perruquiers, Baigneurs, Etuviftes louer leurs Privileges, fans être reçûs en charge jufqu'à l'âge de vingt-cinq ans; le tout conformement à l'Arrêt de notredit Parlement du vingt-deux Fevrier mil fept cens fix, qui fera exécuté felon fa forme & teneur.

L.

N'entendons néanmoins empêcher les Barbiers de notre Maifon & Famille Royale, fervant ordinaires & par quartier feulement, de faire leurs fonctions, conformement à nos Lettres Patentes & Déclarations enregiftrées en notre Cour des Aydes, & Arrêts rendus en conféquence.

LI.

Pourront lefdits Officiers & leurs Veuves feulement louer leurs Privileges, à condition qu'ils ne pourront exercer ladite profeffion, non plus que les Maîtres de ladite Communauté, & à la charge par les Locataires de paffer leurs Baux à loyer pardevant Notaires, de les faire enregiftrer au Bureau de la Communauté huitaine après la paffation d'iceux, & de payer pour ledit droit d'enregiftrement une livre au Greffier de notre premier Chirurgien, à peine de cinquante livres d'amende, & que les Locataires defdits Officiers & de leurs Veuves ne pourront en vertu de leurs Baux exercer la Chirurgie.

LII.

Les Locataires des Maîtres, Veuves & Orphelins, même ceux de notre Maifon & Famille Royale, ne pourront mettre dans leurs Enfeignes ou Etalages leurs noms, fous quelque prétexte que ce puiſſe être, à peine de cinquante livres d'amende.

LIII.

Ne pourront aucuns Locataires, même ceux de notre Maifon & Famille Royale, ceder leurs Baux à loyer fans le confentement des proprietaires d'iceux, auquel cas feront tenus les preneurs de faire enregiſtrer dans huitaine leurs ceſſions, enfemble les continuatious qui leur feront faites des Baux, tous lefquels Actes feront paſſez pardevant Notaires, le tout à peine de cinquante livres d'amende, & fera payé au Greffier de notre premier Chirurgien les mêmes droits pour lefdits enregiſtremens, que pour celui des Baux à loyer.

LIV.

Les Garçons & Apprentifs qui fortiront de chez les Maîtres, Veuves ou Locataires, ne pourront être reçûs au fervice d'un autre Maître, ſi ce n'eſt qu'il y ait un des vingt quartiers qui compofent notre bonne Ville de Paris, entre celui de la demeure du Maître d'où les Garçons & Apprentifs fortiront, & celui de la demeure du Maître chez lequel ils entreront, & ne pourront entrer au service d'aucun Maître du même quartier qu'un an après , sans y pouvoir faire pendant ledit tems aucune fonction de ladite profession , à peine de cinquante livres d'amende , & de deux cens livres de dommages & interêts contre chacun Maître ou Veuve qui les auront reçûs , au prejudice des défenses portées par le present Article , & de punition exemplaire contre les Garçons & Apprentifs.

L V.

Ne pourront lesdits Maîtres , Veuves ni Locataires, même ceux des Barbiers de notre Maison & Famille Royale, travailler ni faire travailler de leur profession en différentes maisons , mais dans une seule , dont le Bail seroit fait en leur nom , & passé pardevant Notaires , le tout sans fraude , à peine de cinquante livres d'amende , & de deux cens livres de dommages & interêts contre les contrevenans : Pourront néanmoins les Baigneurs, en cas de démenagement, avoir leurs Bains dans la maison qu'ils quittent pendant trois mois.

L V I.

Nul Maître , Veuve ou Locataire , même ceux de notre Maison & Famille Royale , ne pourront retirer ni se servir d'aucuns Garçons ni Ouvrieres sans un congé par écrit des Maîtres de chez qui ils seront sortis , à peine de vingt livres d'amende , & de deux cens liv. de dommages & interêts contre lesdits Maîtres , Veuves, Locataires, Garçons & Ouvrieres , le tout néanmoins conformement à l'Article LIV. ci-dessus , & sans y préjudicier.

LVII.

Tous Garçons, Ouvriers & Ouvrieres de ladite profession qui se diront faussement venir des Provinces, seront condamnez à vuider la Ville, en cinquante livres d'amende, en cent livres de dommages & interêts, & même puni corporellement, s'il y échet.

LVIII.

Aux seuls Barbiers, Perruquiers, Baigneurs, Etuvistes appartiendra le droit de faire le Poil, Bains, Perruques, Etuves, & toutes sortes d'ouvrages de cheveux, tant pour hommes que pour femmes, sans qu'autres puissent s'y entremettre, à peine de confiscation des ouvrages, cheveux & ustanciles, & de trois cens livres d'amende, sans préjudice du droit que les Chirurgiens ont de faire le poil & les cheveux, & de tenir Bains & Etuves pour leurs malades seulement; & pour connoître les contraventions, il en sera usé ainsi qu'il est porté par l'Article XLIV. ci-dessus.

LIX.

Faisons défenses à tous particuliers, Chirurgiens, Soldats servans dans les Compagnies de nos Gardes Françoises & Suisses, de faire aucuns ouvrages de cheveux, mais seulement la Barbe aux Soldats desdits Regimens, & d'avoir aucuns Garçons ni autres demeures que celles du quartier de leurs Compagnies.

LX.

Permettons ausdits Barbiers, Perruquiers, Baigneurs,

Etuvistes, de faire & vendre en leurs Boutiques des
Poudres, Opiat pour les dents, Savonnettes, Pomma-
des & autres Senteurs & Essences, Pâtes à laver les
mains, & généralement tout ce qui est propre pour
l'ornement, propreté & netteté du corps humain.

LXI.

Comme aussi leurs permettons d'acheter & négo-
cier des cheveux, tant en gros qu'en détail, soit dans
notre bonne Ville de Paris, Faubourgs & Banlieue
d'icelle, soit dans les autres Villes & Provinces de notre Royaume, avec défenses de les y troubler sous
quelque prétexte que ce puisse être, à peine de cinq
cens livres d'amende, & de trois cens livres de dommages & interêts.

LXII.

Défenses à tous Perruquiers des autres Villes, &
Marchands forains de vendre en détail hors le Bureau
de ladite Communauté, ni colporter dans notredite
Ville, Faubourgs & Banlieuë de Paris aucunes Perruques, cheveux, ni ouvrages de cheveux, à peine de
confiscation & de trois cens livres d'amende.

LXIII.

Défendons pareillement à toutes personnes de s'entremettre pour la vente & revente des Cheveux, &
de les colporter à cet effet par les Boutiques de notredite Ville & Faubourgs de Paris, à peine de confiscation, & de deux cens livres d'amende.

LXIV.

Permettons ausdits Maîtres Barbiers, Perruquiers, de s'associer entre eux, sans qu'ils puissent le faire avec Chirurgiens ni autres personnes, à peine de cent livres d'amende, & de trois cens livres de dommages & intérêts contre chacun des contrevenans.

LXV.

Pourront les Prevôts-Syndics & Gardes, & ceux qui composeront le Conseil, choisir un Clerc pour garder leur Chambre ou Bureau, destituable toutes fois & quantes qu'il sera jugé à propos par lesdits Syndics & Conseil.

LXVI.

Les Officiers de ladite Communauté, comme Notaires, Procureurs, Huissiers, ne pourront être choisis ni révoquez qu'à la pluralité des voix des Maîtres qui composeront le Conseil.

LXVII.

Tous dommages & interêts encourus par contraventions aux Présentes, prononcez par les Juges, seront mis dans le coffre de la Communauté, & le Receveur d'icelle sera tenu de s'en charger dans la recette de son compte.

LXVIII.

Dérogeons à tous Edits, Déclarations, Statuts, Arrêts & Reglemens qui pourroient être contraires à césdites Présentes lesquelles seront exécutées de point en point, & à toujours. Voulons que s'il survient quelque contestation, soit en exécution d'icelles, ou opposition, sous quelque prétexte que ce soit, tant de la part d'aucuns des Maîtres Barbiers, Perruquiers,

Baigneurs, Etuviftes, ou autres particuliers, même du chef de quelque autre Communauté, ou de perfonnes privilegiées, ou prétendues telles, même par rapport à l'étendue de leurs Privileges foit perfonnels, foit réels ou de territoire, que les Parties fe pourvoient en premiere Inftance pardevant ledit Prevôt de Paris, ou fon Lieutenant Général de Police, & par appel en notredite Cour de Parlement, à laquelle Nous en attribuons la connoiffance à l'exclufion de toutes Cours & Jurifdictions; faifons défenfes aux Barbiers, Perruquiers de notre Maifon & Famille Royale, & à tous autres de quelque qualité & condition qu'ils foient, fous prétexte de privileges ou étendue d'iceux, litifpendance, intervention, connexité ou autrement, de fe pourvoir pour raifon de ce pardevant tous autres Juges & Cours aufquels Nous en interdifons la connoiffance, à peine de nullité, caffation de procédures, & de tous dépens, dommages & interêts, nonobftant tous Edits, Déclarations, Arrêts & Reglemens à ce contraires aufquels pour ce regard Nous avons dérogé & dérogeons expreffément, fans aucune dérogation néanmoins aux droits de notre premier Chirurgien, de fon Lieutenant & Greffier, ou de ceux qui feront commis en leur place en cas de maladie ou d'abfence, lefquels droits feront confervez en leur entier conformement à nos Lettres Patentes des vingt-un Janvier mil fept cens dix, vingt-cinq Août 1715. & 21 Janvier mil fept cens feize.

LXIX.

Au furplus, les Statuts du quatorze Mars mil fix cens foixante-quatorze, Edits, Déclarations, Arrêts, Jugemens & Reglemens de Police concernans ladite Communauté, seront exécutés selon leur forme & teneur dans les Articles qui ne sont point contraires aux Presentes. SI DONNONS EN MANDEMENT à nos amez & feaux Conseillers les Gens tenans notre Cour de Parlment à Paris, que ces Présentes ils ayent à faire lire, publier & registrer, & le contenu en icelles exécuter selon leur forme & teneur. CAR tel est notre plaisir. En témoin de quoi Nous avons fait mettre notre Scel à ces Presentes. DONNE' à Paris le 26 jour d'Avril l'an de grace mil sept cens dix-huit, & de notre Regne le troisiéme. *Signé*, LOUIS; & plus bas, par le ROI, le DUC D'ORLEANS, Regent present, PHELIPEAUX, & scellé du grand Sceau de cire jaune.

Registré, oüi le Procureur Général du Roi, pour jouir par les impetrans de l'effet & contenu en icelles, & être executées selon leur forme & teneur, aux charges, clauses & conditions portées, tant par l'arrêt rendu en la Cour le trois Septembre mil sept cens dix-huit, que par celui de ce jour. A Paris en Parlement le sept Septembre mil sept cens dix-huit.

Signé, GILBERT.

EXTRAIT DES REGISTRES
DU PARLEMENT.

Du 3 Septembre 1718.

LOUIS par la grace de Dieu Roi de France & de Navarre: Au premier Huissier de notre Cour de Parlement, ou autre notre Huissier ou Sergent sur ce requis: SÇAVOIR

faisons

faisons, QU'ENTRE Regnault Simonnart, Dominique Prissacq, Jean Marié, Guillaume Havet, Jean Belié, & Jacques-Antoine Boyé tous six Prevôts Syndics & Gardes actuellement en Charge de la Communauté des Barbiers, Perruquiers, Baigneurs, Etuvistes de la Ville, Faubourgs & Banliuë de Paris, reprenant en procédant en tant que besoin est ou seroit au lieu & place de Jacques Lusarche, Pierre Beauget & Henry l'Hôte ci-devant Syndics de ladite Communauté qui avoient pareillement repris au lieu & place de Nicolas Gaugé, Marc Bion, Jacques Gaillier & Pierre Jaillot précédens Syndics Demandeurs suivant les deux oppositions formées entre les mains du Procureur Général du Roy le treize Decembre mil sept cens quinze, & vingt-cinq Janvier mil sept cens seize, & par Acte fait au Greffe de la Cour le trente dudit mois de Janvier audit an mil sept cens seize à la requête desdits Gaugé, Bion, Gaillier & Jaillot lors Syndics en Charge à l'Enregistrement des nouveaux Statuts qui pourroient avoir été & pourroient être obtenus concernant la Communauté des Barbiers, Perruquiers, Baigneurs, Etuvistes de la Ville de Paris d'une part ; & Georges Mareschal, Ecuyer, Conseiller, Premier Chirurgien du Roy, Chef & Garde des Chartres, Statuts & Privileges de la Chirurgie & Barberie du Royaume, Défendeur & Demandeur en Requête insérée dans l'Arrêt du trois Decembre mil sept cens quinze & en Requêtes des huit, vingt-cinq & vingt sept Janvier, trois Juillet, dix-huit, vingt Novembre mil sept cens seize, à ce qu'entr'autres choses lesdits Syndics fussent tenus de venir conclure en leursdites oppositions; ce faisant, que sans s'y arrêter & à toutes autres faites & à faire, il seroit passé outre à l'Enregistrement des nouveaux Statuts d'entre lui & ladite Communauté d'une autre part ; & lesdits Simonnart & Consorts Syndics Défendeurs & Demandeurs en Requêtes du vingt-cinquième dudit mois de Janvier, vingt-sept Juillet, vingt-deux Novembre, deux Septembre, trois Decembre audit an mil sept cens seize, à ce qu'entr'autres choses, sans s'arrêter aux Requêtes dudit Mareschal, il fût ordonné qu'ayant égard ausdites oppositions par eux formées à tous nouveaux Statuts, ceux du

E

quatorze Mars mil six cens soixante-quatorze, enregistrez
en la Cour le dix-sept Août ensuivant, seroient exécutez
avec dépens d'une autre part, & ledit Mareschal Défendeur d'autre part ; & entre lesdits Syndics Demandeurs en
Requête du trois Décembre mil sept cens seize, à ce qu'ils
fussent reçûs Opposans à l'Enregistrement des Lettres Patentes & aux prétendus nouveaux Statuts du neuf Septembre 1712 ; ce faisant, sans s'arrêter ausdits Statuts qui seroient déclarez nuls, qu'il fût ordonné que les Statuts du
quatorze Mars mil six cens soixante-quatorze & Arrêts d'Enregistrement du dix-neuf Août ensuivant fussent exécutez
selon leur forme & teneur, & que défenses seroient faites
audit Mareschal & à tous autres d'y contrevenir avec dépens, même en ceux réservez par les Arrêts précédemment
rendus entre les Parties d'une autre part, & ledit Mareschal Demandeur en Requête du trente Janvier mil sept cens
dix-sept, à ce qu'il fût ordonné que la Déclaration du vingt-
cinq Août mil sept cens quinze fut exécutée, ensemble
l'Arrêt de la Cour du dix-neuf Février mil sept cens seize ;
ce faisant, que lesdits Syndics seroient déboutez de leurs Oppositions & Requêtes & passé outre à l'Enregistrement desdits nouveaux Statuts avec dépens, même en ceux réservez
par les Arrêts précédemment rendus d'une autre part, &
lesdits Syndics Défendeurs d'autre part, & entre lesdits
Syndics Demandeurs en Requête du premier Septembre
mil sept cens dix-huit à ce qu'ils fussent reçûs Opposans à
l'Enregistrement des nouveaux Statuts & Lettres Patentes
du vingt-six Avril dernier d'une autre part, & ledit Mareschal Défendeur d'autre part, & entre ledit Mareschal
Demandeur en autre Requête du deuxiéme desdits mois &
an à ce que lesdits Syndics fussent déclarez non-recevables
en leurs Oppositions à la Déclaration dudit jour vingt-six
Avril mil sept cens dix-huit. *Et cependant par desinteressement
il lui fût donné Acte de sa Déclaration qu'il veut bien remettre aux
Aspirans qui seront Fils ou Gendres de Maîtres quatre Jettons des six
qui doivent être payés pour chacune Réception*, & les Contestans
condamnez aux dépens d'une part, & lesdits Syndics Défendeurs d'autre part. Après que Thevart Avocat des Syn-

dics & Communauté des Barbiers, Baigneurs, Etuvistes
& Perruquiers, & Normand Avocat de Mareschal ont été
ouys, ensemble Chauvelin pour le Procureur Général du
Roy. NOTREDITE COUR donne Acte à la Partie
de Normand de sa Déclaration qu'il remet aux Aspirans
qui seront Fils ou Gendres de Maîtres quatre Jettons des
six qui doivent lui être payez pour chacune Réception ;
ayant aucunement égard aux Oppositions des Parties de
Thevart, ordonne qu'il sera passé outre à l'Enregistrement
des Lettres Patentes du vingt-sixiéme Avril mil sept cens
dix huit, contenant soixante-neuf Articles de Statuts ac-
cordez par le Roi à la Communauté des Maîtres Barbiers,
Baigneurs, Etuvistes & Perruquiers de cette Ville, Faubourgs & Banlieuë de Paris, si faire se doit, à la charge que
le second Article demeurera supprimé : qu'à l'égard du cin-
quiéme les Registres courans que le Greffier du premier
Chirurgien du Roy doit avoir en sa possession, suivant ledit
Article, ne pourront être déplacez du Bureau de la Communauté, & qu'à cet effet il sera fourni au Greffier une Armoire dans ledit Bureau, dont il aura seul la clef, lesquels
Registres ledit Greffier sera tenu de communiquer aux Syndics à leur premiere réquisition dans le Bureau de la Communauté aux jours & heures du Bureau ; que les Registres
de la Communauté seront cottez & paraphez par premiere
& derniere du premier Chirurgien du Roy ou son Lieutenant ; que les trois clefs de l'Armoire où seront les anciens
Registres, Titres & papiers seront gardez l'une par le Lieutenant du premier Chirurgien du Roy, & les deux autres
par les deux premiers Syndics en Charge, & sans qu'aucune piece puisse être tirée de l'Armoire sans Recepissé ;
que les Assemblées générales ordonnées pour les Emprunts
par l'Article dix-sept ne pourront être convoquées qu'au
cas que le Conseil ait jugé l'Emprunt nécessaire, dont il
sera fait Délibération signée de ceux du Conseil & du Greffier, après quoi, sera audit cas convoqué une Assemblée
de tous les Anciens sortis de Charge pour donner leurs
avis, & ensuite seront faites pareilles Assemblées de tous
les autres Maîtres de la Communauté par centaine, & se

trouveront toujours dix Anciens sortis de Charge à la tête de chaque centaine mandez à leur tour, pour être l'Emprunt résolu ou refusé à la pluralité des voix de tous les Maîtres de la Communauté qui auront été convoquez dans lesdites Assemblées, à la charge qu'il ne sera pris à l'avenir aucun droit pour la Requête des Aspirans mentionnez en l'Article trente-cinq, & que les droits portez en l'Article trente-six seront modérez à quatre livres pour le Lieutenant du premier Chirurgien du Roy, & à deux livres pour le Greffier, & outre à la charge de l'événement des Oppositions de Guillaume-René Juon, Jacques Chardonnet, Mamès Magny & Pierre Gosson ès noms & autres signifiez les quatre & vingt Septembre & vingt-neuf Novembre mil sept cens quinze, & François Demasse & Guillaume Pradel signifiez le vingt-cinquième Novembre mil sept cens quinze, dépens compensez. DONNE' à Paris en Parlement le troisiéme de Septembre l'an de Grace mil sept cens dix-huit, & de notre Regne le troisiéme. *Collationné* par la Chambre. *Signé*, GILBERT, avec paraphe.

Réimprimé de l'année de recette de GABRIEL LE FEBVRE *Receveur Syndic de la Communauté, rue Tireboudin.*

TABLE

Des Matieres contenues aux soixante-neuf Articles
de ce Reglement.

F I N.